Karin Neudörfl

Rosen, Tulpen, Nelken ...

Papierblumen selbst gemacht

ENGLISCH VERLAG

Die Deutsche Bibliothek – CIP-Einheitsaufnahme
Rosen, Tulpen, Nelken ...: Papierblumen selbst gemacht / Karin Neudörfl. – Wiesbaden: Englisch, 1997
ISBN 3-8241-0727-9

ISBN 3-8241-0727-9

Fotos Peter Wolf
Printed in Germany

Inhaltsverzeichnis

Vorwort

Rosen, Tulpen, Nelken

Blumen und Sträuße aus dem vielseitigen Material Papier lassen sich in den verschiedensten Variationen zu fast allen Gelegenheiten leicht selbst herstellen.
Farbenfrohe Partyblumen aus Krepppapier, dekorative Blüten als Tisch- und Türschmuck für die weißen Feste, edle Blumen aus handgeschöpften Papieren und Japanpapier für den Wohnbereich sind nur einige Beispiele für die breite Palette an möglichen Papierblumen.
Die Möglichkeiten sind so vielfältig wie das Papier selbst.
Mit geringem Material- und Zeitaufwand können Sie nach kurzer Anleitung und mit etwas Fantasie die schönsten Papierblumen selbst herstellen.

Viel Spaß dabei wünscht Ihnen
Karin Neudörfl

Material und Werkzeug

Alle Blumen in diesem Buch sind aus Papier. Auf andere Materialien wurde bewusst verzichtet. Für die Stiele verwenden Sie Blumensteckdraht oder dünne Rundstäbe aus Holz. Zum Umwickeln der Stiele eignet sich Kreppwickelband besonders gut. Es ist leicht selbstklebend und in den Farben Braun und Grün erhältlich. Weiterhin benötigen Sie dünnen Wickeldraht und dickeren Draht auf der Holzspule sowie Alleskleber. Eine gute Schere erleichtert die Arbeit wesentlich. Alle Materialien erhalten Sie im Hobbyfachhandel.
Legen Sie sich also folgende Materialien bereit:
Krepppapier in verschiedenen Farben, Papierkordel, handgeschöpftes Papier, Japanpapier, Blumensteckdraht, Rundstäbe aus Holz, Wickeldraht in verschiedenen Stärken, Wattekugeln, Alleskleber, Schere sowie eine Kombizange.

Blüten aus Krepppapier

Mohnblume

Material

- **Krepppapier in den Farben Rot, Schwarz, Gelb und Grün (statt des grünen Krepppapiers können Sie auch Kreppwickelband verwenden)**
- **Rundstab, 0,3 cm ∅**
- **Wickeldraht**
- **Klebstoff**

Anleitung

Für eine Blume schneiden Sie von der geschlossenen roten Rolle einen Streifen von ca. 15 cm der Rollenbreite ab. Von der geschlossenen grünen Rolle schneiden Sie einen ca. 2 cm breiten Streifen ab. Den roten Streifen falten Sie so auseinander und aufeinander, dass er 15×11 cm misst. Aus dieser viellagigen Fläche schneiden Sie die Blütenblattform so aus, dass die einzelnen Blätter noch an zwei Stellen miteinander verbunden sind und sich daraus ein Streifen von aneinanderhängenden Blütenblättern ergibt (siehe Zeichnung). Für die Staubgefäße schneiden Sie fünf gelbe Streifen von 2×20 cm zu. Jeden Streifen drehen Sie leicht zusammen und machen einen Knoten in seine Mitte. Die Enden des Streifens legen Sie aufeinander. Aus schwarzem Papier wird nun ein Streifen von 10×20 cm geschnitten. Um die Blütenmitte zu arbeiten, wird er auf 5×20 cm zusammengefaltet.

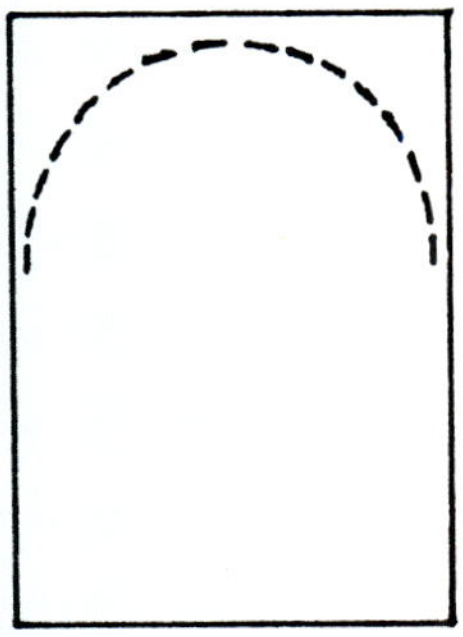

Fassen Sie nun die Staubgefäße zusammen, den Knoten nach oben, die Enden nach unten, kräuseln Sie den schwarzen Streifen darum und arbeiten Sie dabei den Rundstab als Stiel mit ein. Nun umwickeln Sie das Ganze fest mit Draht. Den roten Blütenblätterstreifen falten Sie auseinander und kräuseln ihn drehend um die Mitte, anschließend binden Sie ihn fest mit Draht zusammen. Mit Kreppwickelband oder einem grünen Kreppstreifen umwickeln Sie den Blütenansatz und den Stiel und fixieren dabei den Anfang und das Ende mit Klebstoff.

Kornblume

Material

- **Krepppapier in den Farben Hellblau, Dunkelblau, Schwarz und Grün (statt des grünen Krepppapiers können Sie auch Kreppwickelband verwenden)**
- **Rundstab oder Blumendraht**
- **Wickeldraht**
- **Klebstoff**

Anleitung

Schneiden Sie von der dunkelblauen geschlossenen Rolle ein 15 cm breites Stück und von der geschlossenen hellblauen Rolle ein 12 cm breites Stück ab. Die Streifen werden nun in der Länge halbiert (von 2,5 auf 1,25 m Länge). Falten Sie jeden Streifen ziehharmonikaartig. Am oberen Rand werden die Streifen dann stark gezackt eingeschnitten (siehe Zeichnung). Einen schwarzen Streifen, ca. 25 cm lang und 12 cm breit, schneiden Sie ebenfalls fransig und legen ihn in Rüschen um den Stiel, um ihn sodann fest mit Draht zu umwickeln. Nun falten Sie den hellblauen Streifen auseinander und kräuseln ihn um die schwarze Mitte. Verfahren Sie mit dem dunkelblauen Streifen ebenso. Beide sollten Sie mit Draht festbinden. Den Blütenansatz umwickeln Sie mit grünen Kreppstreifen oder Kreppwickelband. Die zweite Blüte arbeiten Sie wie die vorangegangene und befestigen sie am gleichen Stiel.

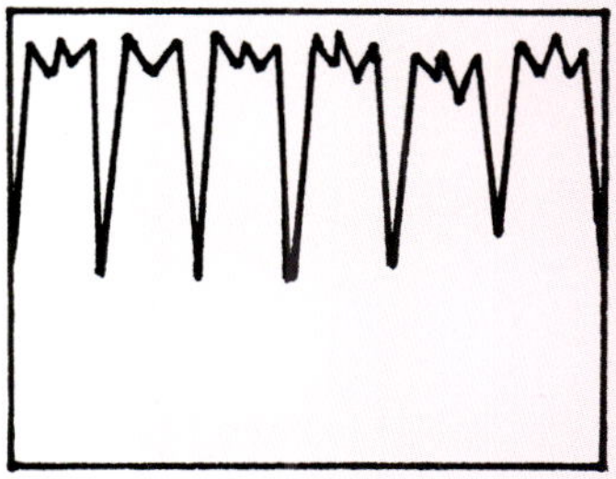

Margerite

Material

- **Krepppapier in den Farben Weiß, Gelb und Grün (statt des grünen Krepppapiers können Sie auch Kreppwickelband verwenden)**
- **Wattekugel, 2 cm ∅**
- **Rundstab oder Blumensteckdraht**
- **Wickeldraht**
- **Klebstoff**

Anleitung

Von der geschlossenen weißen Papierrolle schneiden Sie ein 15 cm breites Stück ab, das Sie nicht auseinanderfalten. Schneiden Sie aus allen Lagen zusammen die Blütenblattform heraus (siehe Zeichnung). Die Wattekugel kleben Sie auf den Stiel (Steckdraht oder Rundstab). Einen Rest gelbes Krepppapier legen Sie über die Wattekugel und befestigen ihn mit Draht am Stiel. Den weißen Blütenblattstreifen falten Sie auseinander und kräuseln ihn um die gelbe Mitte, anschließend drahten Sie ihn fest. Den Blütenansatz und den Stiel umwickeln Sie mit Kreppwickelband oder grünen Kreppstreifen.

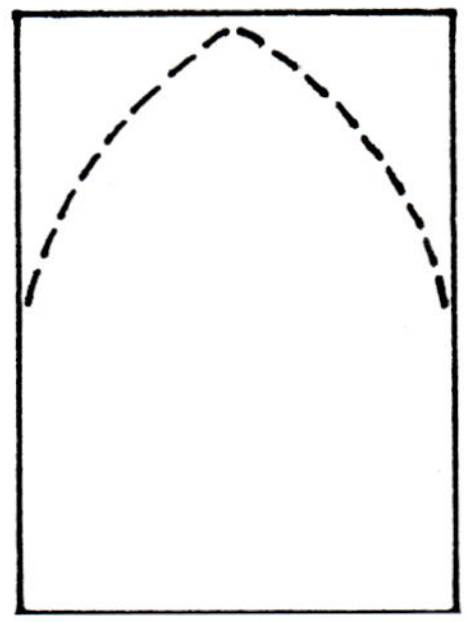

Winteraster

Material
- Krepppapier in den Farben Gelb, Braun und Grün (statt des grünen Krepppapiers können Sie auch Kreppwickelband verwenden)
- Wattekugel, 2 cm Ø
- Rundstab
- Wickeldraht
- Klebstoff

Anleitung
Bei dieser Blüte haben Sie den gleichen Arbeitsablauf wie bei der Margerite. Beachten Sie jedoch, dass die Blütenform, die Sie aus den zusammengefalteten Lagen schneiden, eine andere ist (siehe Zeichnung).

TIPP

Verschiedene Blütenblattformen in ungewöhnlichen Farbkombinationen lassen sich zu Fantasieblüten formen.

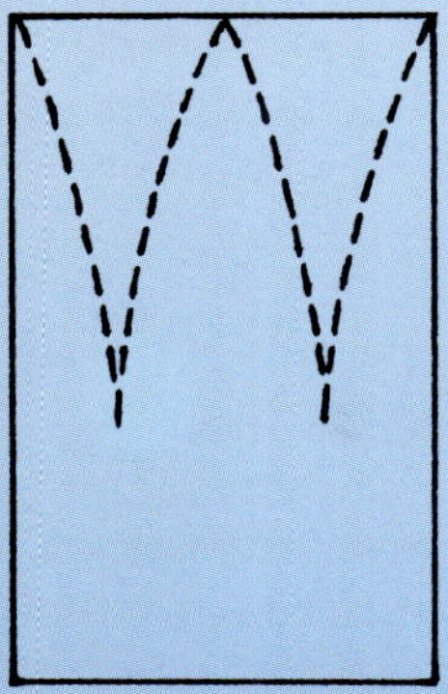

Kleine Rosen

Material

- **Krepppapier in der gewünschten Farbe, je Blüte 1 Streifen 5 × 20 cm und 1 Streifen 6 × 42 cm, grünes Krepppapier**
- **Kreppwickelband**
- **Wickeldraht**

Anleitung

Für die Blütenblätter falten Sie einen Streifen von 6 × 42 cm auf 6 × 6 cm und schneiden anschließend die Blütenblattform aus (siehe Zeichnung). Rollieren Sie den anderen Streifen und die Blütenblätter zwischen den Fingern, d.h. rollen Sie den oberen Rand ein wenig ein. Der Streifen wird gerüscht, spiralförmig zusammengefasst und mit dünnem Draht zusammengebunden (siehe Zeichnung). Die einzelnen Blütenblätter werden am oberen Rand gedehnt und am unteren Rand eng zusammengefasst. Dann werden sie um die Mitte herumgelegt und gut mit Draht befestigt. Die Drahtenden nicht zu kurz abkneifen, da sie den Stiel bilden. Ein wenig Grün am Blütenansatz macht sich gut, deshalb fügen Sie hier Blätter aus grünem Krepppapier hinzu, deren Ränder Sie nach innen rolliert haben. Umkleiden Sie alles mit Kreppwickelband. Diese Blüten lassen sich übrigens sehr gut zu einem Strauß binden.

Rosen in Gold

Material
- 1 Rolle goldenes Kreppapier
- Blumensteckdraht
- Wickeldraht
- Klebstoff

Anleitung

Die Blüten werden wie die des Silberkranzes auf Seite 12 gearbeitet, wobei zu beachten ist, dass Sie hier die Blütenblätter doppelt ausschneiden müssen, damit Sie sie so aufeinander legen können, dass die ansehnliche Seite des Krepps außen ist. Es reicht, wenn Sie die beiden Seiten eines Blütenblattes aufeinander legen, sie aber nicht kleben, denn so lassen sie sich besser formen. Die Blüten werden mit Draht gebunden und anschließend mit dem Kreppapier umwickelt. 2–3 Blüten befestigen Sie zusammen mit einigen Blättern an Steckdraht und umwickeln sie mit dem goldenen Kreppapier. Den Anfang und die Enden des Krepps fixieren Sie mit Klebstoff.

Silberkranz

Material
- **1 Rolle silbernes Krepppapier**
- **Wickeldraht**
- **Klebstoff**

Anleitung
Von der geschlossenen Rolle schneiden Sie zweimal 1 cm von der Breite ab (zum späteren Umwickeln). Nun öffnen Sie die Rolle und schneiden für jede Blüte 1 Streifen von 5×25 cm ab. Die Streifen werden immer von der Breite abgeschnitten, in Dehnrichtung des Papiers. Legen Sie die Streifen aufeinander und falten Sie sie ziehharmonikaartig, bis sie eine Fläche von 5×5 cm ergeben. Daraus schneiden Sie die Form des Blütenblattes aus (siehe Zeichnung).
Schneiden Sie 1 Streifen von 8×15 cm, diesen falten Sie in der Hälfte (4×15 cm). Den doppelten Streifen fassen Sie spiralig zur Mitte zusammen (wie bei den kleinen Rosen), so entsteht der Innenteil der Blüte. Die 5 Blütenblätter werden am oberen Rand gedehnt und am unteren Rand eng zusammengefasst. Anschließend drapieren Sie sie um den Innenteil der Blüte und umwickeln sie fest mit dünnem Draht. Da das Krepppapier nur auf einer Seite silbern beschichtet ist, müssen Sie darauf achten, dass diese Seite

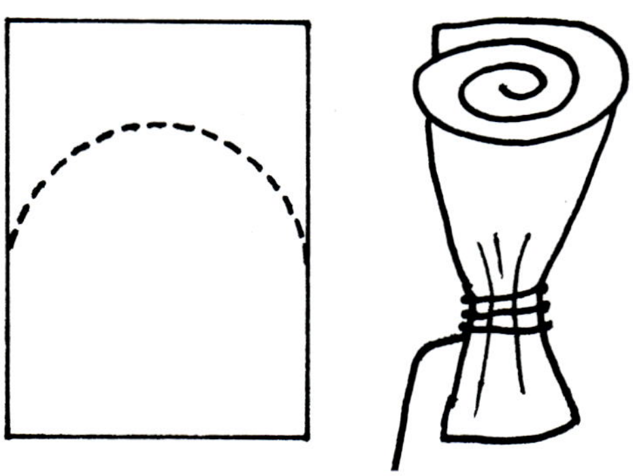

TIPP

Formen Sie aus den Rosen und frischem Grün eine Girlande, die sich als Tisch- und Türschmuck eignet.

nach oben, die unbeschichtete nach unten kommt, damit sie unsichtbar ist. Lassen Sie die Drahtenden ca. 15 cm lang, denn diese bilden den Stiel. Umwickeln Sie den Blütenansatz und den Stiel mit einem der 1-cm-Streifen. Fixieren Sie Anfang und Ende des Streifens mit Klebstoff. Die Anzahl der Blüten richtet sich nach der gewünschten Kranzgröße. Verbinden Sie die Blüten und fassen Sie die doppelt zugeschnittenen und mit der silbernen Seite nach außen aufeinander gelegten Blättchen mit. Versehen Sie jedes Blatt vorher mit einem Drahtstiel. Formen Sie das Ganze zu einem Kranz und umwickeln Sie die Verbindungsstellen mit dem zweiten 1-cm-Streifen.

Blüte in Silber

Material
- ▶ 1 Rolle silbernes Krepppapier
- ▶ je Blüte eine Wattekugel, 2 cm Ø
- ▶ Wickeldraht
- ▶ Klebstoff

Anleitung
Schneiden Sie von der geschlossenen Rolle einige 1 cm breite Streifen zum Umwickeln ab. Für jede Blüte schneiden Sie 1 Kreis (8 cm Ø) und je 7 Blütenblätter (siehe Zeichnung) in doppelter Lage zu (Sie brauchen 14 Blütenblätter, von denen Sie je 2 so aufeinander legen, dass die silbern beschichtete Seite außen ist). Legen Sie den Kreis über die Wattekugel und drahten Sie ihn fest (siehe Zeichnung). Die Drahtenden lassen Sie ca. 30 cm lang. Dehnen Sie nun die Blütenblätter am oberen Rand und fassen Sie sie unten eng zusammen. Anschließend ordnen Sie sie um die Kugel herum an und befestigen sie mit Draht. Der Blütenansatz und der Stiel werden mit 1 cm breiten Streifen umwickelt, deren Anfang und Enden mit Klebstoff fixiert werden.

Aus 2–3 Blüten, zusammen mit einigen Blättern, können Sie einen Zweig herstellen.

Blüten aus Papierkordel

Große Blüte

Material
- **Papierkordel in 2 Farben**
- **Wickeldraht**
- **Klebstoff**

Anleitung
Von einer Farbe schneiden Sie 6 Streifen von 16 cm, 4 Streifen von 12 cm und 1 Streifen von 6 cm Länge, von der anderen Farbe 3 Streifen von 8 cm Länge ab. Das 6 cm lange Stück drehen Sie ganz auseinander und schneiden es einige Male fransig ein, dies ergibt die Blütenmitte. Die übrigen Stücke drehen Sie zu etwa zwei Dritteln auseinander, um daraus die Blütenblätter zu formen (siehe Zeichnung). Um die fransige Mitte der Blume ordnen Sie die Blütenblätter rundherum an, wobei Sie zuerst die 3 kleinen, dann jeweils leicht versetzt die 4 größeren und die 6 großen Blütenblätter mit Draht festbinden. Lassen Sie die Drahtenden lang, so können sie als Stiel dienen. Den Blütenansatz und den Stiel verkleiden Sie mit einem Stück Papierkordel, dessen Enden Sie festkleben.

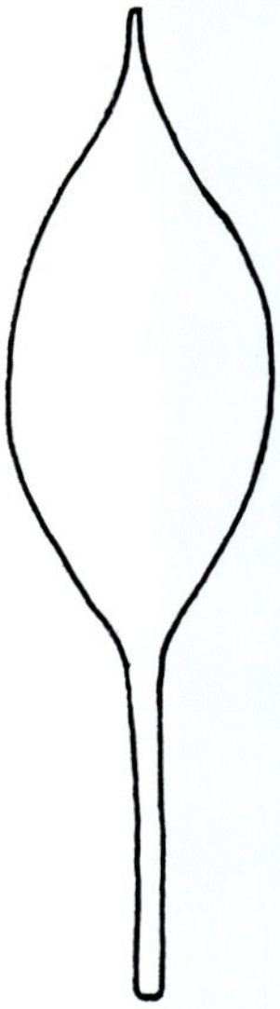

Nelken

Material

- Papierkordel in 2 Farben
- Wickeldraht
- Klebstoff

Anleitung

Für jede Blüte schneiden Sie 8 Stücke à 6 cm von der Kordel ab und drehen sie auseinander. Eines davon drehen Sie leicht spiralig zur Blütenmitte zusammen, die übrigen ordnen Sie leicht gekräuselt um die Mitte herum an. Umwickeln Sie das Ganze fest mit Draht, dessen Enden Sie nicht zu kurz abschneiden sollten, da sie als Stiel dienen. Den Blütenansatz und die Drahtenden umkleben Sie mit Kordel in einer Kontrastfarbe. Sie können nun die Blüten zu einer Rispe zusammenstellen oder sie als Einzelblüten für einen Strauß verwenden, wobei Sie einige Kordelstücke als Blätter dazunehmen können.

Orchideen

Material
- ▶ naturfarbene Papierkordel
- ▶ Wickeldraht
- ▶ Klebstoff

Anleitung
Dünne Papierkordel wird auch naturfarben angeboten. Aus ihr lassen sich zarte, kleine Blüten herstellen. Die Arbeitsschritte entsprechen denen zur Herstellung der vorher beschriebenen großen Blüte.

Blüten aus handgeschöpftem Papier

Hortensie

Material
- 1 Bogen handgeschöpftes, nicht zu festes Papier
- braunes Kreppwickelband
- Wickeldraht

TIPP

Kombinieren Sie die Hortensie effektvoll mit Herbstblättern oder Gräsern.

Anleitung
Die Blüte besteht aus ca. 20 Quadraten, die 3×3 cm groß sind. Sie raffen jedes Quadrat in seinem Mittelpunkt zusammen, so dass ein Trichter entsteht, und umwickeln die Spitze dieses Trichters leicht mit Draht (siehe Zeichnung). Lassen Sie die Drahtenden länger, damit sie einen Stiel ergeben. Den Ansatz des Stiels an der Blüte und den Stiel selbst verkleiden Sie mit Kreppwickelband. Alle so entstandenen Blütenteile fassen Sie zu einer Dolde zusammen und alle Stielenden fügen Sie nochmals zu einem Gesamtstiel zusammen, wobei Sie Kreppwickelband benutzen.

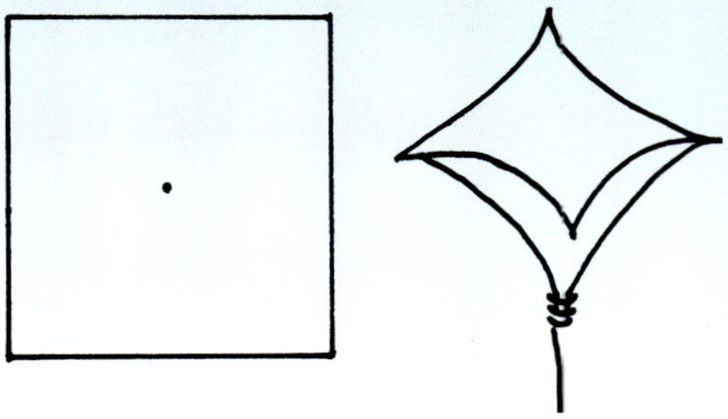

Apfelblüte

Material
- **1 Bogen handgeschöpftes Papier**
- **Kreppwickelband**
- **Wickeldraht**

Anleitung

Für jede Blüte schneiden Sie ein Quadrat von 10×10 cm Seitenlänge zu und falten es zweimal. Sie haben nun ein Quadrat von 5×5 cm mit zwei offenen und zwei geschlossenen Seiten. Die offenen Seiten schneiden Sie leicht herzförmig ab und falten das Papier wieder auseinander (siehe Zeichnung). Schneiden Sie 3 schmale Papierstreifen ca. 10 cm lang ab, rollen Sie jeden zwischen den Fingern der Länge nach zusammen und machen Sie an einem Ende einen Knoten. Die entstandenen Teile werden, mit dem Knoten oben, als Staubgefäße durch die Blütenmitte, d.h. die durchstoßene Mitte des beschnittenen Quadrats, gesteckt, mit dieser zusammengedrahtet und mit Kreppwickelband umkleidet. Befestigen Sie die Blüten nach Wunsch am Draht oder einem trockenen Zweig.

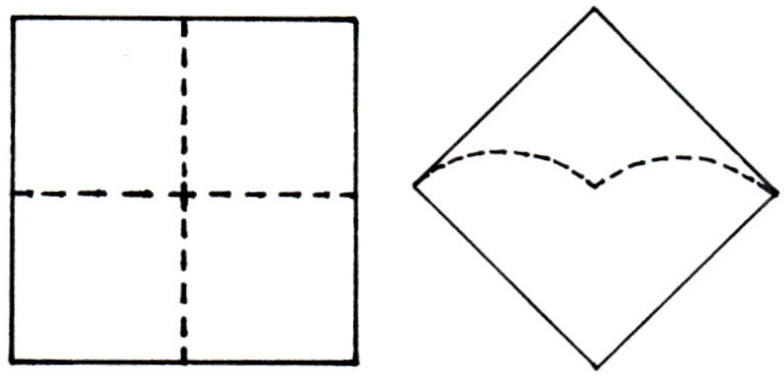

Große Blüte

Material

- **1 Bogen handgeschöpftes Papier**
- **Kreppwickelband**
- **Wickeldraht**

Anleitung

Aus dem Papier schneiden Sie lanzettförmige Blütenblätter in unterschiedlicher Größe zu (siehe Zeichnung). Die Schnittkanten rollieren Sie mit leicht angefeuchteten Fingern nach innen. Knoten Sie einen ca. 30 cm langen und 4 cm breiten Streifen locker in der Mitte. Danach legen Sie die Enden aufeinander und gruppieren um sie herum die Blütenblätter, wobei die längsten Blätter außen liegen. Zwischendurch umwickeln Sie das Ganze mit Draht. Zum Abschluss drahten Sie es noch einmal fest und lassen die Drahtenden lang, da sie den Stiel bilden. Anschließend umwickeln Sie sowohl den Blütenansatz als auch den Stiel mit Kreppwickelband. Sie können auch nach Belieben noch zusätzliche Blütenblätter als Blattwerk mitfassen.

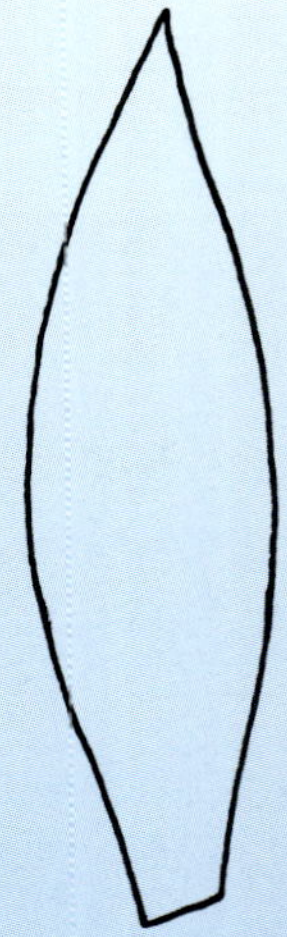

Gefüllte Blüte

Material
- 1 Bogen handgeschöpftes Papier
- Kreppwickelband
- Wickeldraht

Anleitung
Die Arbeitsschritte entsprechen denen der vorher beschriebenen großen Blüte, Sie wählen jedoch eine runde Blütenblattform (siehe Zeichnung). Sie arbeiten von der Mitte ausgehend, bis die gewünschte Blütengröße erreicht ist. Für das Blattwerk stellen Sie zusätzliche Blütenblätter verschiedener Größe her, umwickeln sie mit Kreppwickelband und fügen sie zu einem Zweig zusammen. Zum Schluss umwickeln Sie die Blüte und das Blattwerk nochmals mit Kreppwickelband und fügen sie so zusammen.

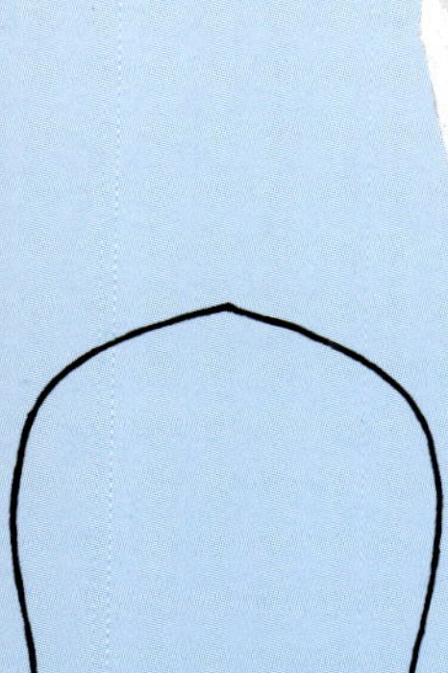

Einfache Blüte mit Knospe

Material
- 1 Bogen handgeschöpftes Papier
- Kreppwickelband
- Wickeldraht

Anleitung
Aus dem Papier schneiden Sie 6 große und 6 kleine Blütenblätter zu (siehe Zeichnung) und rollieren sie an den Schnittkanten zwischen den feuchten Fingern. Rollen Sie einige schmale Papierstreifen der Länge nach zusammen und knoten Sie sie in der Mitte. Nehmen Sie die Enden der Papierstreifen zusammen und plazieren Sie sie in der Blütenmitte als Staubgefäße. Um sie herum ordnen Sie die 6 großen Blütenblätter an und binden alles mit Draht fest. Die 6 kleinen Blütenblätter formen Sie zu einer Knospe, binden sie mit Draht zusammen und umwickeln sie mit Kreppwickelband.
Nun fügen Sie die Blüte und die Knospe zu einem Zweig zusammen und verkleiden alles nochmals mit Kreppwickelband.

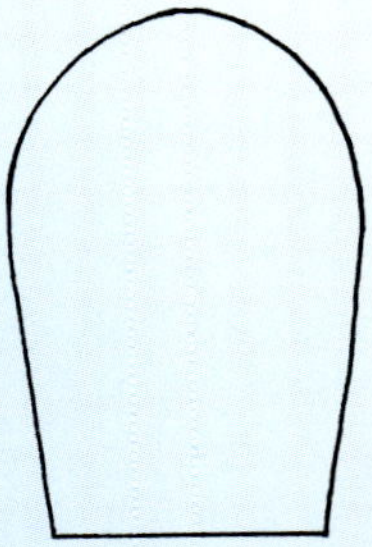

Winden

Material
- 1 Bogen handgeschöpftes Papier
- Rundhölzchen
- Kreppwickelband
- Wickeldraht

Anleitung
Sie schneiden aus dem Papier einen Kreis (15 cm ∅) aus und halbieren ihn. Die Halbkreise kleben Sie jeweils trichterförmig zusammen. Dann rollieren Sie deren oberen Rand mit feuchten Fingern nach außen. Rollen Sie einige schmale Papierstreifen der Länge nach zusammen und knoten Sie jeden Streifen in der Mitte. Die Enden der Streifen legen Sie aufeinander und fügen sie so, mit dem Knoten nach oben, als Staubgefäße in die Trichtermitte ein. Sie können auch dünne Papierstreifen verwenden, an deren Ende Sie einen Knoten machen. Drahten Sie beides zusammen und umwickeln Sie es mit Kreppwickelband. Schneiden Sie Blätter (Form siehe Zeichnung) in beliebiger Zahl aus und befestigen Sie jedes Blatt an einem Draht. Verkleiden Sie den Draht mit Kreppwickelband. Sie kaschieren dann einige 20 cm lange Drähtchen mit Kreppwickelband und formen sie über einem Rundhölzchen zu einer Spirale. Zum Schluss fügen Sie alles in gefälliger Anordnung mit Kreppwickelband zu einem Zweig zusammen.

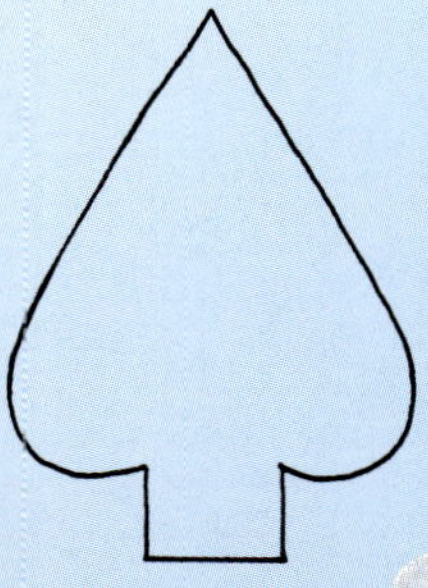

Blüten aus Japanpapier

Nelken in Rot und Pink

Material

- **Japanpapier in den Farben Rot und Pink**
- **Kreppwickelband**
- **Wickeldraht**

Anleitung

In Bogenbreite werden von beiden Farben ca. 6 cm breite Streifen abgeschnitten und mehrfach übereinander gelegt. Den oberen Rand schneiden Sie ungleich gezackt ein (siehe Zeichnung), falten den Streifen auseinander und schneiden ihn in ca. 20 cm lange Stücke. Fassen Sie aus beiden Farben je einen Streifen rüschig zusammen, so dass eine zweifarbige Blüte entsteht, die Sie mit dünnem Draht binden. Die Drahtenden lassen Sie lang, damit sie einen Stiel ergeben. Den Blütenansatz und den Stiel umwickeln Sie mit Kreppwickelband. Dann können Sie mehrere Blüten zusammenfügen und mit Kreppwickelband befestigen.

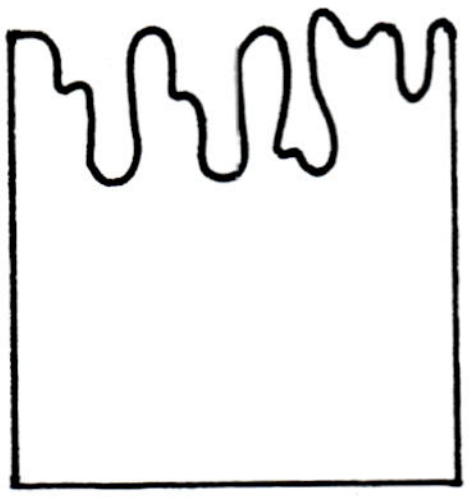

Apfelblütenzweig

Material
- **Japanpapier in 2 Farbtönen**
- **Kreppwickelband**
- **Wickeldraht**
- **Zweig**

Anleitung

Für jede Blüte schneiden Sie ein Quadrat von 8×8 cm zu, das Sie zweimal zur Hälfte falten. An dem entstandenen 4×4 cm großen Quadrat schneiden Sie die offenen Kanten im Rundbogen ab (siehe Zeichnung), falten es auseinander und durchstoßen die Blütenmitte. Dann schneiden Sie aus der Kontrastfarbe schmale Streifen, knoten jeden in der Mitte und legen die Enden jedes Streifens zusammen. Stecken Sie mehrere als Staubgefäße durch die Blütenmitte. Das Ganze binden Sie mit dünnem Draht zusammen, dessen Enden Sie ca. 10 cm lang lassen, um einen Stiel daraus zu machen. Stiel und Blütenansatz werden mit Kreppwickelband kaschiert. Die Blüten befestigen Sie mit Kreppwickelband an einem Drahtstiel oder an einem natürlichen Zweig.

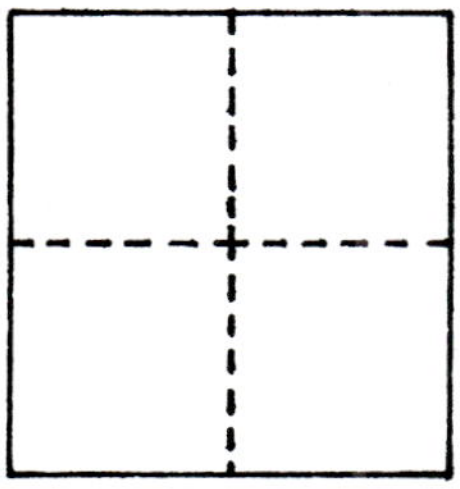

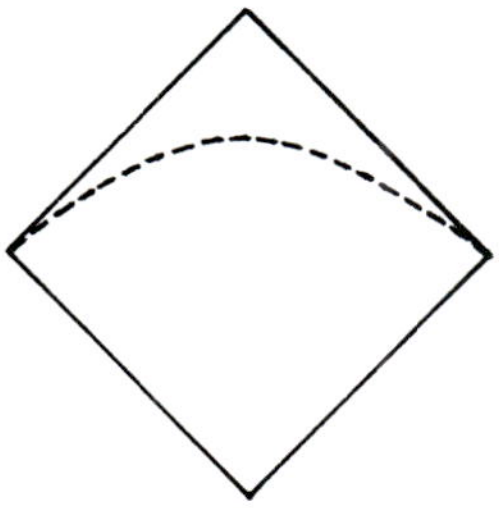

Zweifarbige Rose

Material
- Japanpapier in 2 Farben für die Blüte und in Grün für die Blätter
- Kreppwickelband
- Blumensteckdraht
- Wickeldraht

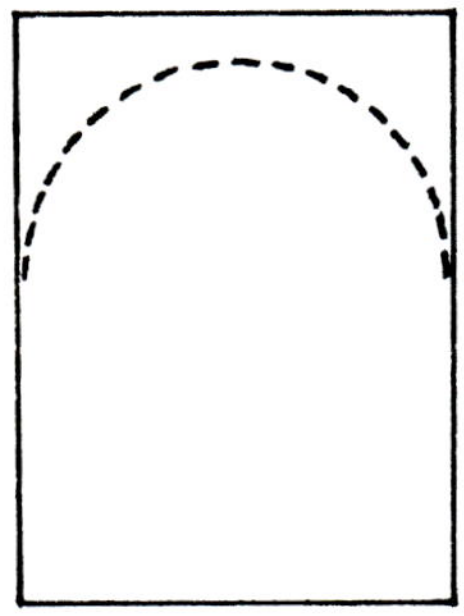

Anleitung

Die Blütenmitte besteht aus 6 Blütenblättern gleicher Farbe. Dazu legen Sie einen ca. 40 cm langen und 8 cm breiten Streifen 6-fach übereinander und schneiden die Blütenblattform heraus (siehe Zeichnung). Rollieren Sie die Schnittkanten zwischen feuchten Fingern nach innen. Dann legen Sie die Blütenblätter wie zu einer Tulpe zusammen und binden sie mit Draht zu einem Blütenkelch. Für die Außenblätter falten Sie 5 Quadrate von 12×12 cm zweimal zur Hälfte. An dem entstandenen Quadrat schneiden Sie die offenen Kanten im Rundbogen ab. Dann durchstoßen Sie die Mitte und stecken den Blütenkelch durch alle 5 Quadrate durch. Sie fassen das Ganze zusammen und umwickeln es fest mit Draht. Soll die Blüte einen festen Stiel bekommen, müssen Sie einen Blumensteckdraht einarbeiten. Ummanteln Sie den Blütenansatz und den Stiel mit Kreppwickelband. Aus dem grünen Japanpapier schneiden Sie kleine Blättchen aus, die Sie mit Draht versehen und mit Kreppwickelband umwickeln. Fügen Sie 3–5 davon zusammen und befestigen Sie sie mit Kreppwickelband am Stiel.

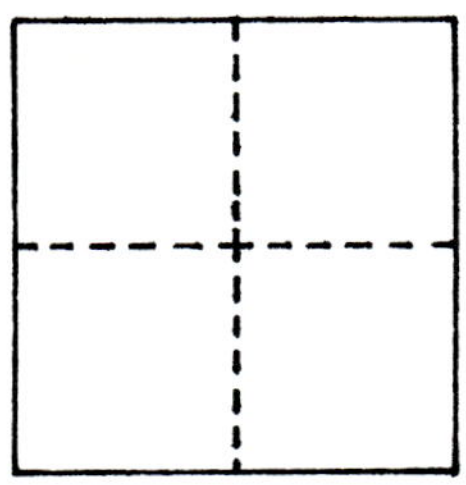

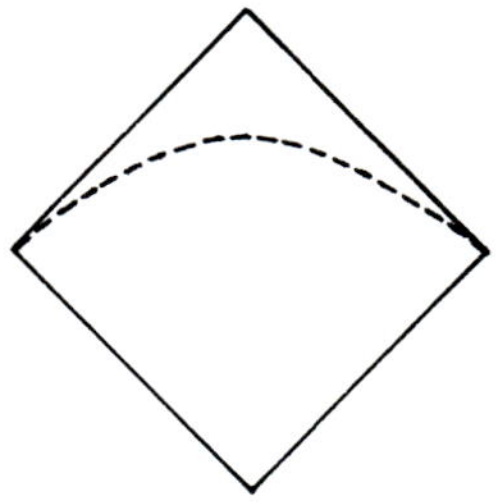

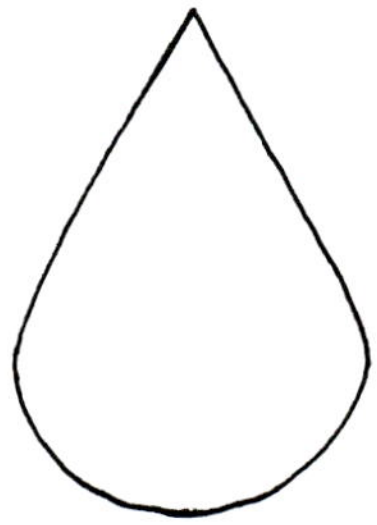

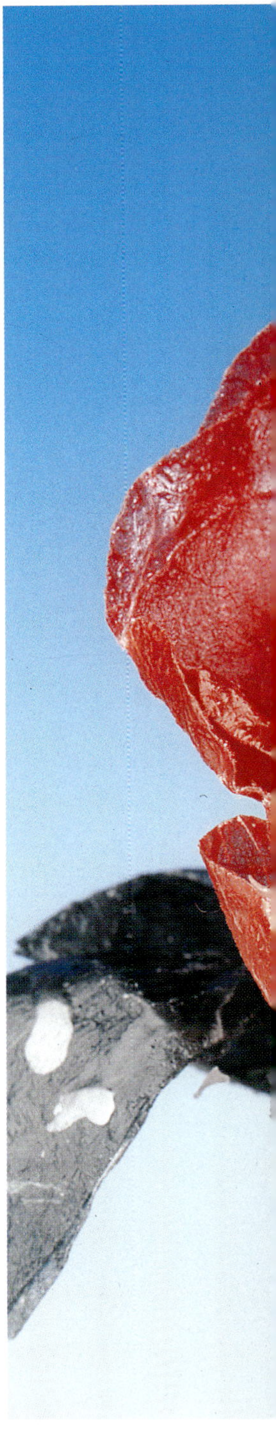

Große gefüllte Blüte

Material
- Japanpapier in 2 Farben für die Blüte und in Grün für die Blätter
- Kreppwickelband
- Blumensteckdraht
- Wickeldraht

Anleitung
Rollen Sie für die Staubfäden 5 Streifen, ca. 15 cm lang und 1 cm breit, der Länge nach, knoten Sie jeden Streifen oben und bündeln Sie sie. Von jeder Farbe schneiden Sie einen 10 × 20 cm breiten Streifen ab. Die Streifen schneiden Sie am oberen Rand schmalbogig ein (siehe Zeichnung) und legen beide um die Staubfäden. Dann binden Sie alles fest zusammen. Die hellen Blütenblätter entstehen aus einem Streifen, 15 × 50 cm, der mehrfach aufeinander gelegt und an der oberen Kante unregelmäßig, klein- und großbogig, abgeschnitten wird (siehe Zeichnung). Raffen Sie die Streifen dicht zusammen und legen Sie sie um die Mitte des bereits hergestellten Teils, wo Sie sie gut mit Draht festbinden. Die dunklen Außenblätter werden wie die hellen gearbeitet, die Streifen dazu sind jedoch 18 cm breit. Sie werden ebenfalls zusammengerafft, um die hellen Blütenblätter gelegt und gut festgebunden, wobei Sie noch einen Steckdraht für den Stiel mitfassen. Den Blütenansatz und den Stiel umwickeln Sie mit Kreppwickelband. Schneiden Sie Blätter aus dem grünen Papier zu, kräuseln Sie die Blattenden und befestigen Sie sie mit Kreppwickelband am Stiel. Einige der Blütenblätter kräuseln Sie leicht nach außen (wie bei Geschenkband über eine Schere).

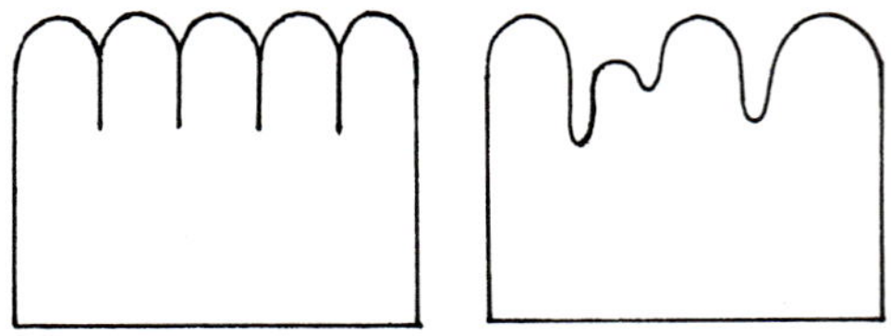

Wachsblüten

Kleinere Blüten aus Krepp- oder Japanpapier erhalten durch Wachs ein besonders schönes Aussehen, sie wirken porzellanartig oder gläsern. Außerdem macht das Wachs sie unempfindlich gegen Feuchtigkeit.
Füllen Sie Paraffinplättchen (auch im Hobbyfachhandel erhältlich) in ein Blechgefäß und schmelzen Sie sie im Wasserbad. Tauchen Sie dann die Blüten kurz ein und schütteln Sie überschüssiges Wachs vorsichtig ab. Es gibt auch Färbetabletten für Wachs zu kaufen.

Keinesfalls das Wachs im Blechgefäß direkt auf der Herdplatte schmelzen, da hier Brandgefahr besteht! Lassen Sie Kinder nicht unbeaufsichtigt mit heißem Wachs arbeiten, da sie sich daran verbrennen könnten.
Die gezeigten Blumen sollen Ihnen Anregungen geben. Haben Sie erst einmal angefangen, kommen Ihnen bestimmt eigene Ideen zur Herstellung und Verwendung von Papierblumen. Viel Freude bei der Arbeit!

ENGLISCH VERLAG kreativ

ISBN 3-8241-0582-9
Broschur, 64 Seiten

ISBN 3-8241-0604-3
Broschur, 32 Seiten

ISBN 3-8241-0614-0
Broschur, 32., Vorlagebogen

ISBN 3-8241-0708-2
Broschur, 32 Seiten

ISBN 3-8241-0712-0
Broschur, 64 Seiten

ISBN 3-8241-0714-7
Broschur, 64 Seiten